AF316114

LES PRINCIPES

DE

L'ÉDUCATION RÉPUBLICAINE

POUR

L'ENSEIGNEMENT DANS LES ÉCOLES

PAR HUREAUX

PARIS

CHEZ LES LIBRAIRES

ET CHEZ L'AUTEUR ÉDITEUR, 10, RUE DES MARTYRS

1878

LES PRINCIPES

DE

L'ÉDUCATION RÉPUBLICAINE

Lb⁵⁷
6828

LES PRINCIPES

DE

L'ÉDUCATION RÉPUBLICAINE

POUR

L'ENSEIGNEMENT DANS LES ÉCOLES

PAR HUREAUX

PARIS

CHEZ LES LIBRAIRES

ET CHEZ L'AUTEUR ÉDITEUR, 10, RUE DES MARTYRS

1878

PRÉFACE

Le but de l'Education Républicaine est d'élever le niveau de la vie sociale par la Liberté, et de former un peuple supérieur dans la crise transformatrice du monde chrétien, qui caractérise le dix-neuvième siècle.

Les principes d'éducation exposés dans le cours de ce travail rigoureux, sont donnés par une Science exacte, qui projette une lumière nouvelle sur toutes les grandes questions.

Par la juste émancipation de l'esprit humain parvenu à sa maturité, et par l'évolution majeure de la conscience humaine, les caractères et les vertus publiques éclosent aux plus nobles sentiments du cœur, dans le respect des principes éternels de Société, et dans le culte de la Loi qui lie et *solidarise* ces mêmes principes.

L'Education Républicaine, autorisée de la Science de Vie, est une semence qui germera dans l'avenir, et qui produira des fruits suaves et nourrissants de l'esprit et du cœur.

L'Ecole Républicaine, projetée à la fin du volume, sera le sol propice au développement du précieux germe émancipateur de l'Humanité.

Dans sa négation invétérée de la Loi et des Principes moraux de société, où va le monde?

Par les débordements de l'égoïsme, la Solidarité sociale est devenue un vain mot : la Famille, le Travail, la Propriété et la Justice sont constamment violés dans leur principe souverain.

La vie mondaine, de la base au sommet, du plus vil dénûment à la plus hautaine opulence, est livrée à toutes les erreurs, à tous les mensonges, à toutes les falsifications.

Il n'y a plus place nulle part, ni pour la vérité, ni pour les vertus personnelles.

L'homme véritablement vertueux est traité de fou ou d'incapable. Les habiletés de la ruse sont devenues les vertus de l'époque. Le mal règne sur la vie. Un souffle de mort anime le monde, parce que le Progrès Moral a été interrompu dans sa marche par l'ignorantisme asservissant des représentants du Principe d'Autorité.

Une évolution de la conscience humaine, qui remettra en marche le Progrès Moral éternel, est heureusement en voie de s'accomplir.

Cette grande révolution émancipatrice vient à notre secours pour nous sortir de l'abîme creusé par l'anti-social égoïsme, pour féconder le Progrès matériel dans la sécurité de tous, élever le niveau de la vie morale sur celui des siècles précédents, et y faire parvenir les individualités capables de triompher de la crise transformatrice de la société mineure des monarchies en société majeure de la république.

Evolution majeure de la Conscience humaine et la Crise de Puberté sociale.

La crise de puberté sociale, dont le monde chrétien offre seul sur la terre le spectacle grandiose, est un effet nécessaire de l'évolution majeure de la conscience humaine, qui arrive à l'âge voulu par la Loi physiologique de la vie des nations.

Les peuples de la civilisation occidentale ont été constitués à l'état de société mineure sous l'autorité qui avait pour devoir de se montrer toute paternelle au souffle libérateur de l'Evangile, et qui n'a été qu'un asservissement.

Comme tous les êtres vivants de la nature, une societé est un être organique, qui passe par toutes les phases progressives de l'existence. A mesure qu'elle avance en âge, elle se développe et se complète.

Semblable à une fille qui devient nubile, insensiblement l'esprit de son âge se forme dans la jeune société, des symptômes nouveaux se révèlent. Son intelligence saisit les rapports des choses qu'elle ne comprenait pas naguère. Sa raison se montre et s'exerce. Elle observe, elle cherche, elle examine. Elle veut se rendre compte. L'examen prend la plus large part.

La foi innocente et aveugle ne suffit plus à la Société mineure des peuples chrétiens. La philosophie est interrogée; l'histoire est consultée.

Dans ce grand mouvement de curiosité et de re-

cherche, surgit le principe d'une grande révolution
intellectuelle : c'est l'avénement des sciences analytiques.

Grâce à ce nouveau moyen d'investigation, on
essaie de sonder toutes les profondeurs; on dissipe
les ténèbres accumulées par les siècles autoritaires,
on découvre l'erreur et le mensonge; on met à nu les
vices sociaux qui sont devenus les bases d'intérêts
abusifs et criminels. La critique est à l'ordre du jour.
A l'Autorité de la Foi va succéder l'Autorité de la
Science. La fausse morale des sectes va faire place à
la morale universelle.

La tutelle dite catholique de la chrétienté est en
émoi; elle se sent menacée dans sa raison d'être. Elle
pose des barrages au cours naturel de la critique.

A la libre pensée et à la liberté de conscience, elle
oppose un Absolutisme autoritaire.

Elle condamne les sciences naturelles et analytiques
comme des œuvres du démon.

Quelle est donc la raison de cette crise universelle
des peuples chrétiens, de ce trouble moral et profond
de la société ?

C'est la loi physiologique de l'Être social qui s'ac-
complit immuablement.

C'est la Société morale évangélique, âgée de seize
siècles, en qui s'opère une évolution nécessaire de la
vie, comme en une fille de seize ans.

La jeune Société est au début de ces crises pé-
riodiques qui la purgent de ses erreurs et de ses
vices.

L'économie sociale, débarrassée de ses erreurs et rendue à la vérité, devient apte à contracter alliance avec l'Esprit de vérité et à concevoir les œuvres de Vie.

Constatons l'état actuel de maladie grave de la Jeune Société morale, dans cette première crise, par le fait coupable de ses tuteurs, qui l'entravent dans l'exercice de sa libre-pensée et de sa liberté de conscience.

On conçoit que l'émancipation intellectuelle et morale soit nécessaire à ce fonctionnement normal de la vie organique.

L'entrave de l'Autorité ecclésiastique à la Loi de la Vie sociale est la cause directe et efficiente du mal dont nous souffrons tous aujourd'hui.

C'est par son émancipation que la chrétienté sera délivrée du mal qui l'accable.

Fécondée par l'Esprit de vérité et de Justice, elle est en âge de concevoir et de produire des Œuvres de Vie, condition nécessaire à son existence.

Or les Œuvres n'arrivent que par le travail, et par le travail viril librement organisé, sur la loi et les principes de sa souveraineté, dans une Société majeure.

Mais toutes les difficultés possibles sont opposées à l'évolution sociale nécessaire.

La crise émancipatrice commencée autrefois par le protestantisme religieux, continue plus tard par des revendications politiques, par la critique des Libres-Penseurs et des Philosophes.

Au nom de la Libre-Pensée et des Libertés publiques, on somme les Tuteurs de la chrétienté, confondus si à tort dans les pouvoirs politiques, de rendre leurs comptes de tutelle. Mais ils résistent aux injonctions d'avoir à céder la place au droit d'émancipation, et se cramponnent à l'autel et au trône avec toutes les ruses du Despotisme.

L'autorité paternelle de l'Eglise, dégénérée en pouvoir oppresseur de la pensée et de la conscience, a tellement aggravé la crise que la société se trouve profondément menacée dans son existence.

Mais l'Humanité franchira victorieusement sa crise de puberté par la Raison supérieure et par l'Esprit de Vie qui lui arrivent, sous l'Evolution majeure de la conscience humaine, dans l'Unité de la Science et de la Morale universelles.

Emancipation humaine inhérente à l'existence de la République.

En vertu de l'Evolution majeure de la conscience humaine, le citoyen effectue lui-même sa triple émancipation physique, intellectuelle et morale.

A mesure que la lumière éternelle de la science du cœur pénètre l'être humain, il s'affranchit de la foi aveugle et de l'égoïsme, et fait graviter son âme vers la souveraineté morale de la conscience humaine ;

Il s'affranchit de l'ignorance, et fait graviter son esprit vers la souveraineté intellectuelle ;

Enfin, il s'affranchit de la maladie, et fait graviter

son corps vers la souveraineté physique de la santé.

L'ordre d'émancipation humaine est d'être morale d'abord, intellectuelle ensuite, puis physique.

Emancipation morale.

L'émancipation morale doit précéder l'émancipation intellectuelle et l'émancipation physique, pour présider au développement des deux dernières.

Car c'est de l'âme ou du cœur, son organe sensible, que part tout élan vers la liberté.

La Raison morale est au-dessus de la Raison intellectuelle, autant que celle-ci est au-dessus de la Raison physique.

La raison morale est tellement subtile par son essence, qu'elle échappe à tous les raisonnements de l'esprit non encore émancipé par les lumières supérieures de l'âme.

Ce n'est ni l'esprit, ni l'intelligence qui font la personne morale, c'est la conscience ou l'âme libre et juste.

La liberté et la justice sont les conditions nécessaires de la morale universelle et de l'affranchissement qui en résulte.

L'esprit humain, même le plus cultivé, n'arrive qu'au second rang d'émancipation humaine, s'il est encore entaché de servitudes égoïstiques et d'injustices, dont la raison morale du cœur peut seule le délivrer.

Les capacités intellectuelles prennent donc rang après les capacités morales.

Au troisième rang se placent les capacités physiques.

C'est pourquoi la Société Majeure de la République exige du cœur en première ligne, puis de l'intelligence et de la santé.

Les capacités morales du cœur sont la clef des deux autres émancipations.

Dès que vous serez moralement émancipés, vous aurez un esprit fort, toutes les autres libertés vous viendront comme par surcroît ; parce que les servitudes imposées à la faiblesse n'auront plus de raison d'être pour vous.

Avec le haut et puissant caractère que donne le cœur pénétré de la conscience de vos âmes réveillées à la lumière éternelle, vous donnez vous-même à votre esprit l'instruction qu'il lui faut, et à votre corps la santé.

Quant aux servitudes de la Politique et du Capital, elles disparaissent d'elles-mêmes devant la véritable émancipation humaine :

Celles du capital par la conquête du Capital lui-même au moyen du Travail majeur ;

Celles de la Politique des partis, en l'oubliant ou en n'y pensant plus, comme si elle n'était pas ; car elle ne repose que sur la faiblesse du monde, que sur l'ignorance et que sur l'égoïsme. Hommes émancipés, hommes nouveaux, que pouvez-vous avoir de commun avec les faibles, avec les ignorants et les égoïstes que vous laissez au-dessous de vous, bien bas dans l'esclavage du despotisme ?

N'êtes-vous pas devenus les libres et grands citoyens de la Nature et de l'Humanité ?

Maîtres et souverains de vous-mêmes, vous vous élevez dans une région où ne pénètre ni arbitraire ni domination.

Ce qui constitue l'état de fatal esclavage auquel sont condamnés les humains terrestres depuis des temps anté-historiques, c'est leur chute de la vie morale de liberté et de justice.

Cette chute vient de leur rébellion à la Loi et aux principes de la société morale éternelle, rébellion soutenue et perpétuée par le culte idolâtrique de soi-même, connu sous le nom vulgaire d'*égoïsme*.

L'égoïsme, violation directe de la Loi de Solidarité sociale, est le principe de tout mal, de l'arbitraire, de tous les despotismes, de tous les vices, enfin, de la tyrannie sur soi et sur les autres ;

L'égoïsme est la source de l'esclavage et de la domination qui enchaînent le monde, les peuples et les hommes sous l'empire infernal de la fatalité.

Le monde est un enfer, et les hommes rivés par l'égoïsme à ses chaînes, sont des démons et des damnés.

Nul ne peut sortir de ce fatal esclavage que par la liberté, dérivant de la moralisation émancipatrice.

Dans la marche de cet éternel esclavage, il y a des heures suprêmes de délivrance pour les âmes qui se réveillent à la conscience morale universelle.

Nous sommes à un de ces moments solennels.

Gens de toute condition, qui aspirez sincèrement à l'émancipation humaine par la morale universelle, pour vous sonne l'heure suprême de la Liberté.

Comment allez-vous franchir le seuil souverain de la Liberté.

En abjurant tout égoïsme, et en le repoussant comme le crime capital de la société morale éternelle.

Parvenus dans le domaine glorieux de la Liberté et de la Justice par notre moralisation émancipatrice, nous sentons renaître en nous les vertus de la solidarité des âmes.

Une force vivante, organique, active, irrésistible et éclairée d'une lumière supérieure, absolue, se révèle en nous, dès notre délivrance des servitudes, et nous réveille à la conscience de nos devoirs, par notre communion avec les personnes libres et justes comme nous.

Les vertus sociales de la liberté, que ne connaissent point les esclaves ni les despotes, se développent par le commerce des hommes moralement émancipés, comme la puissance électrique par le contact des métaux.

Le réveil à la conscience de la solidarité a pour effet merveilleux de rendre l'être humain à sa valeur de virilité morale, et de faire éclater en lui une vie supérieure, par l'explosion des forces spirituelles qui étaient enchaînées par la tyrannie des vices issus de l'égoïsme.

Au réveil de nos facultés spirituelles éclôt soudai-

nement un sens moral tout nouveau, l'intuition de
la Vérité, le sentiment vrai du juste, la volonté in-
domptable du bien, un besoin universel de méthode
et d'exactitude géométrique dans toutes les opérations de la Vie, une soif de grandeur et de prospérité pour tous, un amour de fraternité *effective,* un
sentiment profond et inconnu de solidarité qui nous
fait chercher notre bonheur dans celui que nous procurons à la famille sociale.

Comme alors les étroites et mesquines prétentions
de la personnalité égoïste paraissent viles et mépri-
sables! Honteuses d'elles-mêmes, elles s'effacent
bientôt; elles sont brûlées et consumées par le feu
ardent et généreux des âmes.

Malheur aux réfractaires à la flamme régénératrice!
Ils retombent, comme la cendre éteinte, lourdement
accablés sous la chaîne glacée des servitudes despo-
tiques.

Emancipation intellectuelle

Livrons-nous à la culture de notre esprit, avec
toute liberté d'examen et de conscience.

Découvrons l'erreur et le mensonge partout où ils
se glissent.

Faisons un sévère examen de l'état du monde, tel
que nous le tenons de nos Tuteurs passés, afin que
nous puissions reformer en nous-mêmes une société
nouvelle, et nous rendre aptes à la République.

Eclairons-nous à la lumière des sciences physi-

BIBLIOTHÈQUE NATIONALE R. F. IMPRIMÉS

ques et naturelles, qui sont l'acheminement nécessaires à la Science universelle de Vie.

Nous marchons ainsi droit à l'émancipation de
l'esprit humain, qui vient joindre la souveraineté
intellectuelle à la souveraineté morale de l'âme.

L'esprit diffère essentiellement de l'âme.

L'esprit est de nature physique, l'âme est de nature divine.

Tout ce qui est divin n'est pas toujours moral,
comme tout ce qui est physique n'est pas toujours
juste.

La morale est la conformité à la loi et aux principes de la vie physique et divine.

L'Ame éternelle est susceptible de perdre sa lumière innée et divine et de la recouvrer, comme le
métal éternel est susceptible de perdre et de repren-
dre son éclat métallique.

L'Ame se démoralise, comme l'esprit tombe dans
l'erreur.

L'émancipation de l'âme est son réveil à la conscience morale universelle, c'est-à-dire à sa lumière
absolue, innée, éternelle de nature divine.

Dans cette condition de lumière souveraine, l'âme
éclaire l'esprit placé à son service, pour ses manifes-
tations divines à la Vie physique.

Alors l'esprit ou la raison humaine, docile à tous
les bons sentiments de la conscience, à la raison
morale et universelle du cœur, éclairée de la lumière
supérieure de l'âme, perçoit les grands rapports de

nature divine, et s'élève à la conception de la raison universelle.

Alors l'esprit humain majeur, œil véritable de l'âme, transmet à la nature physique de l'homme les images de nature divine qu'il réflète comme un miroir.

Les figures de nature divine, dans les *spéculations* toutes geométriques de la Science de Vie, de la synthèse, de l'analogie, du symbolisme universel, sont perçues par l'esprit avec toute la précision que les objets de nature physique sont perçus par l'œil du corps.

Dans l'un et l'autre cas, c'est un jeu de miroir *(speculum, science spéculative)*, d'images ou figures perçues par l'imagination, réglées avec une précision mathématique.

Car l'imagination est la faculté virile de l'esprit majeur, qui n'a pas d'objet durant la minorité intellectuelle.

Notre Emancipation intellectuelle est le fruit de la raison humaine subordonnée à la raison morale du cœur.

Il faut à l'âme, réveillée à la conscience de sa nature supérieure, la Science Universelle de Vie.

La science et les œuvres qui n'ont pas un caractère d'universalité sont d'un esprit mineur, encore incapable de virilité morale et intellectuelle.

La souveraineté intellectuelle est le germe de l'âme souveraine greffé sur l'esprit humain cultivé par la science universelle.

La science universelle est un fardeau redoutable que l'esprit mineur ne pourrait porter.

Elle est un évanouissement de toutes les erreurs du monde.

Elle n'affirme que les démonstrations mathématiques de ses théorèmes.

Elle reste absolument étrangère aux afffrmations arbitraires de l'ignorance autoritaire et des traditions corrompues de la foi enfantine.

Elle est la maturité scientifique de l'esprit majeur, succédant aux illusions de l'esprit mineur et de l'enfance du genre humain.

Les perspectives ouvertes par la foi aveugle se ferment, jettent l'obscurité dans les âmes jusqu'à ce que le flambeau de la science universelle projette la lumière véritable et la vie véridique de l'Humanité sur la terre et dans les cieux.

Par la conception correcte et mathématique du système universel du monde, l'esprit, éclairé par la lumière morale de l'âme, voit en face les Vérités supérieures, la Loi et les Principes de la Vie éternelle dans l'unité des deux natures physique et divine.

Il contemple toutes choses avec justice et vérité, depuis les moindres détails de la vie jusqu'aux immenses projections de l'infini.

La voix de l'homme, parvenu à la souveraineté intellectuelle et morale, est la voix des siècles.

Sa lumière éclaire l'éternité.

Son souffle de vie est celui de l'univers.

Sa justice est la justice éternelle.

De quelle hauteur immense ne sommes-nous pas tombés ici bas !

Quelle voie sévère de réhabilitation que la Science universelle de vie ! Quels graves devoirs elle nous impose ! Elle nous commande dévouement et sacrifice à la Loi suprême de solidarité, dont les munificences nous réintègrent à la Société morale éternelle sur la terre et dans les cieux, au sein de l'Unité Divine, à mesure que nos âmes se réveillent à la conscience morale de la Liberté et de la Justice.

Emancipation physique.

La maladie retient votre corps en état d'esclavage.

Vous avez un besoin impérieux et pour devoir de vous émanciper de la maladie, qui vous retire vos capacités physiques pour le travail, et qui fait souffrir ceux qui vous approchent.

L'émancipation physique, c'est-à-dire la délivrance de la maladie, vous la trouverez dans l'étude et la pratique de la médecine naturelle physiologique, dont nous avons publié un Traité général sous le nom de *La Santé* (1).

Voici comment cet ouvrage est la première ébauche d'une branche de la science universelle de Vie :

Celle-ci met en pleine lumière l'unité physiologique du corps humain, qui est le principe de l'Unité médicatrice de la nature.

----

(1) La septième édition de l'ouvrage complet paraît actuellement.

La Nature est *une* dans ses créations physiologiques; elle est nécessairement une aussi dans ses actes conservateurs de la vie.

Tel est le principe de la médecine naturelle conservatrice et réparatrice, s'étendant à l'universalité organique du corps humain.

A la médecine universelle de la Nature, il faut donc une médication universelle, c'est-à-dire physiologique.

Cette médication, toute domestique, est formulée aux livres II et III, à partir de la 6e édition de l'ouvrage précité, et dont voici le sommaire général des matières :

Le Livre Ier enseigne les premiers éléments de Médecine naturelle et domestique. Cet enseignement nous remet en possession du principe fondamental de l'art de nous guérir, perdu pour la médecine analytique.

Le Livre II comprend les régimes et les médications naturelles, dont la pratique se confond avec l'hygiène. Il renferme un chapitre important sur les désastres des remèdes chimiques et des médications contre nature.

Le Livre III comprend la loi universelle de guérison, la théorie et la pratique du Traitement naturel, la connaissance et la préparation des Remèdes végétaux ; enfin les instructions et les règles concernant leur emploi.

Le Livre IV donne le Dictionnaire de 433 Plantes, Herbes médicinales salubres et Remèdes des plus usuels, avec l'indication pratique de leurs propriétés et de leur emploi.

Le Livre V enseigne la pratique de nous guérir ou de nous faire guérir, et de *prévenir* les affections qui nous menacent. Ce livre est terminé par un chapitre spécial pour diriger le lecteur dans la marche théorique et pratique de l'ouvrage.

Le Livre VI comprend le vocabulaire de douze cents termes de Médecine, d'Anatomie, de Physiologie et d'Hygiène, qui ouvre à tout le monde la porte de la science naturelle de l'homme.

Le Livre VII embrasse la *Réalisation*, par l'Auteur, des principes enseignés dans l'ouvrage, pour faire triompher la rénovation médicale des premières difficultés de la pratique, protéger cette œuvre humanitaire contre l'inexpérience des commençants, contre les préjugés de la routine et les perfidies de la trahison; enfin pour transmettre purs et intacts, à l'avenir, les Types du Traitement naturel.

Résumé de l'Émancipation humaine.

En résumé, l'émancipation humaine, telle qu'elle doit être entendue, est une purification :

Elle purifie l'humanité des injustices qui la souillent; et nous donne l'harmonie de la société morale majeure de la République ;

Elle purifie l'âme de son égoïsme, et nous donne la souveraineté morale ;

Elle purifie l'esprit de son ignorance, et nous donne la souveraineté intellectuelle ;

Elle purifie l'unité physiologique de l'organisme humain des humeurs malsaines, et nous donné la santé ;

Elle Purifie le corps de ses insalubrités, et nous donne la propreté extérieure.

L'état de haute perfection, à laquelle nous élève l'émancipation humaine, a pour conditions nécessaires les Vertus de la Liberté, dont le chapitre suivant fait l'objet.

Les vertus de la liberté.

La Liberté est un mot livré à la dispute des hommes de minorité intellectuelle et morale, qui en ignorent la signification véritable et la portée immense.

La Liberté est un principe de l'Humanité, c'est une vertu divine.

La personne humaine, décorée de cette sublime vertu, acquierre des puissances inconnues du monde de servitude.

Sous une luxuriante végétation de séve morale, la personne libre, rendue aux prérogatives et à tous les droits primordiaux de la Nature et de l'Humanité, étouffe en elle les mauvais instincts et les vices de la civilisation despotique.

La véritable Liberté nous délivre de l'ignorance,

de l'erreur, des préjugés et attaches serviles du monde et de nos faiblesses.

La Liberté est connaissance, lumière, vérité, raison, force morale, et par dessus tout : justice.

La personne que n'enchaînent plus ni l'erreur, ni l'égoïsme, ni la haine, ni le fanatisme, ni les fausses pratiques du monde, est seul capable de jugements justes.

La Liberté est la condition nécessaire de la justice.

L'homme libre implique l'homme juste.

Un peuple véritablement libre serait un peuple de justes, phénomène inconnu de l'histoire, mais inhérent à l'existence de la Société morale majeure.

La Liberté est l'atmosphère divine des âmes.

Sans la Liberté, l'homme est incapable de la vue spirituelle des vérités morales et absolues.

C'est dans l'état de Liberté que la lumière supérieure revient à l'âme divine, dont le cœur est l'organe.

La personne libre et juste a la haute conscience des devoirs et des droits de sa double condition divine et physique.

Son âme se gouverne dans la liberté de conscience ; son esprit dans la liberté d'examen ; son corps dans la liberté de mouvement.

La Liberté est la condition même de l'existence majeure.

Il est aussi odieux de prétendre imposer des bornes à l'âme libre et infinie, que de défendre la logique à la raison et le mouvement au corps.

Qu'ils sont insensés les oppresseurs du juste, les

ennemis de la liberté ! Qu'ils sont criminels de vouloir soumettre ses droits souverains aux barbaries de la force despotique !

Ainsi, le monde barbare fit-il du Christ ; ainsi fait-il encore aujourd'hui de ses frères en l'Humanité !

Chrétiens, qui prétendez accomplir la loi divine de l'Evangile, fuyez tout oppresseur de votre âme, de votre raison et de votre corps.

Cessez de vous humilier béatement sous les fourches caudines du despotisme spirituel.

Si vous voulez être les véritables frères du Christ, marchez résolûment à la conquête de la Liberté, seul capable de vous conduire à la vie éternelle.

Ce n'est pas par la force, par la ruse, par la violence que l'on fait la conquête de la liberté, mais par l'énergie morale, par le sacrifice et une ferme volonté.

La liberté est un effort divin et permanent de de l'âme, qui sait porter le poids de fortes et justes résolutions, et le fardeau de grands devoirs à remplir.

C'est la Liberté qui fait planer l'âme souveraine dans une atmosphère de vertus et de forces morales invincibles.

La régénération de l'Homme est pour lui la condition fondamentale de la Liberté.

L'Homme, incapable de se régénérer par ses propres efforts et par des sacrifices, n'est point capable de se rendre libre.

La force morale nécessaire à notre régénération ne consiste pas à refouler les revendications des droits de la Nature, ni à subordonner les droits de l'Humanité aux devoirs d'une fausse morale. Ce serait justifier la plus injustifiable violation des lois de la Vie morale, et la tyrannie si cruellement exercée sur nos sens et nos cœurs, toujours vrais et justes dans la pleine liberté de leurs vivantes fonctions.

La Liberté est le droit de remplir envers soi et envers ses semblables tous les devoirs de la nature et de l'humanité, qui condamne la fausse morale du monde et des religions conventionnelles, dans leurs révoltantes injustices.

La Liberté est le droit absolu d'être reconnaissant pour les bienfaits reçus ;

Le Droit absolu d'aimer ses frères et ses enfants ;

Le Droit absolu de guérir ceux qui souffrent, de consoler ceux qui sont dans la peine ;

D'avoir pitié des malheureux ;

De glorifier ceux qui sont justes ;

De faire partout le bien.

La Liberté est le Droit absolu de ne pas sacrifier à ce qui est faux, injuste et mauvais ;

De ne pas haïr ceux qui méritent notre affection ;

De ne pas nous rendre coupable de l'oubli de nos devoirs envers ceux qui y ont des droits ;

De ne pas verser le sang de nos frères ;

De ne pas écouter les cruautés de la haine, de la calomnie et de la vengeance ;

De ne pas avoir de complaisance pour l'égoïsme et l'orgueil des uns, ni pour les erreurs et les préjugés des autres.

La Liberté, en un mot, est le droit absolu de proclamer la loi suprême de solidarité fraternelle, d'en affirmer et pratiquer les principes divins sur la terre, au sein de la société morale majeure.

La Solidarité est la loi suprême de l'Homme libre et juste.

Hors la Solidarité, règne partout l'oppression et l'injustice.

L'Homme libre et juste ne peut vivre dans un monde où sa loi n'est ni connue, ni respectée, et il s'en retire.

La Liberté a horreur des servitudes imposées par l'arbitraire et l'injustice.

Les vertus de la Liberté sont vices pour le despotisme, et même pour un gouvernement politique régulier, tel qu'il a besoin d'être, en raison des hommes déchus et incapables de se gouverner.

Mais un gouvernement libéral n'a point à s'en effrayer, parce qu'il a les moyens d'en tirer parti, comme nous allons le voir.

Les vertus de la Liberté, au lieu de paraître perturbatrices, deviendraient un principe de forces pour un gouvernement d'ordre moral effectif.

La noble indépendance du Travailleur aspirant à un nouvel ordre de choses, dont il n'a qu'un vague pressentiment ; son penchant à se gouverner lui-même ; ses répugnances invincibles pour l'obéissance aveugle et les ordres d'un patron souvent moralement inférieur à lui, sont les premiers symptômes de la végétation divine des âmes commencée par le

Christ, et les précieuses qualités indispensables à la Société morale de l'Humanité majeure dans la République.

Ces aspirations à la Liberté et à l'Indépendance, qu'il ne faut pas confondre avec la débauche, l'insubordination et la paresse, sont le fruit des grands principes d'émancipation évangélique.

A mesure qu'elle reçoit le véritable esprit de l'Evangile, la personne humaine se sent mûrir pour la liberté, et se trouve hors de ses voies dans les ornières du monde de domination et de servitude.

Au lieu de chercher à détruire ces forces précieuses, d'un ordre social supérieur, un gouvernement libéral voudra les utiliser, et nous aider à les faire servir à la fondation de la *Colonie Modèle* telle qu'elle est projetée pour des centres communataires de production et de consommation, essentiellement colonisateurs de l'Algérie, comme de toute autre contrée.

Au nom de l'Humanité et de la Solidarité humaine, nous supplions le Gouvernement Français de délivrer un choix des débris de la malheureuse guerre civile dont le souvenir douloureux retentit encore dans les entrailles de la Patrie.

Défenseurs de l'ordre, rendez les insurgés au travail moralisateur d'inépuisable fécondité, et vous n'aurez jamais mieux affermi l'ordre public !

Confiez-nous vos prisonniers ; après le triage des réfractaires qui vous seront rendus, nous saurons faire avec les autres une race nouvelle et supérieure, qui n'aura pas les vices de l'ancienne société, et qui deviendra une source de richesses et de gloire pour la France.

Livrez-les-nous en Algérie, sous bonne garde, où nous établirons nos associations colonisatrices (1).

Ce sera pour la France une victoire morale éternelle, remportée sans une goutte de sang répandue et dans la consolation de nombreuses familles si malheureuses !

Que les malheurs de la Patrie deviennent pour ses enfants le signal de l'immense conquête de la Liberté intellectuelle et morale et le terme des discordes politiques et sociales !

L'existence de ces associations colonisatrices enlèvera tout prétexte à de nouvelles insurrections.

Ceux qui ne trouveront pas le monde conforme à leurs aspirations de liberté et de bien-être matériel et moral ne s'évertueront plus à l'œuvre impossible de le réformer ; mais ils le délaisseront simplement pour venir trouver la réalisation de leur idéal dans l'existence supérieure de la Société Morale Majeure.

Hors les vertus de la liberté qui seules mettent les peuples en fermentation vitale, il ne reste plus que les instincts du vice fatalement condamnés à la coercition, à tous les genres de domination et de

---

(1) Voir le MÉMOIRE du même auteur sur le mode de colonisation supérieure, de création de grandes richesses et d'élévation à une haute moralité sociale.

COLONIE MODÈLE, agricole-industrielle, dans une concession du gouvernement en Algérie.

servitude, élément de désagrégation nécessaire à leur transformation.

C'est une noble tâche pour le gouvernement actuel de réparer l'erreur terrible d'un gouvernement antérieur, et qui consiste à avoir confondu dans les violences de la répression, les vertus de la Liberté et les instincts du vice.

Une faute analogue, pour ne pas lui donner sa juste et sévère qualification, avait été commise par le Gouvernement romain, 1871 années auparavant.

Il y a dix-huit siècles, trois hommes du peuple subirent le dernier supplice comme voleurs, criminels et coupables de doctrines subversives de l'ordre social établi.

La doctrine du révolutionnaire supplicié est celle du Christ que nous glorifions, et qui nous a apporté sur la terre les principes divins de l'Evangile.

A un côté du Sauveur crucifié était le bon larron, à l'autre côté était le mauvais larron.

Sur trois, un juste, un réhabilité et un réprouvé.

La divine semence d'amour, de fraternité et de liberté, répandue par le Messie depuis dix-huit siècles, n'a-t-elle pas germé dans l'âme du peuple laborieux et souffrant? Elle a germé, puis elle a végété au milieu des mauvaises herbes entretenues par l'incurie des Tuteurs de la jeune société chrétienne.

Le peuple de Paris, comme le groupe des trois hommes du peuple de Jérusalem, si calomnié, si insulté, si outragé, ne renferme-t-il pas des justes, des repris de justice réhabilitables, à côté des incorrigibles ?

Ces justes et ces réhabilitables, confondus avec les assassins et les incendiaires et traités comme ces derniers, s'ils allaient être les jeunes pousses de la moisson du Christ, étouffées sous l'ivraie et les ronces !

Oui, on peut le dire, beaucoup de ces malheureux sont fils de l'Evangile véridique, et sont martyrs ;

Et on peut prétendre par analogie que parmi ces victimes, il y a un tiers de justes,

Un tiers de réhabilitables,

Et un tiers de perdus sans ressources, ouvriers ténébreux à la solde de la trahison et de toutes les mauvaises causes.

Ce rapprochement des extrêmes d'une longue époque ferme un âge de l'Humanité.

Les siècles qui séparent l'An I de 1871, la Voie de douleurs parcourue de Jérusalem à Paris, du Calvaire au Panthéon, accomplissent l'Ere de la Chrétienté Mineure, et nous font arriver à la fin des temps annoncés par le Christ.

Le terme des sacrifices de sang et de l'immolation des Vertus de la Liberté, qui arrive par le jugement général des consciences, devient le jour de gloire du Fils de l'Homme, et le triomphe de l'Humanité dans la Société Majeure de la République qui commence un âge nouveau.

Les devoirs et les charges de majorité sociale.

La Liberté est un fardeau par les devoirs qu'elle impose.

L'âge de majorité sociale est caractérisé par les institutions républicaines, qui donnent charge aux bons citoyens d'administrer eux-mêmes leurs intérêts réciproques, sous l'autorité et avec toutes les obligations de la Loi de Solidarité sociale.

La JUSTICE est le dogme fondamental de la Société majeure, au même titre que la FRATERNITÉ était celui de la Société mineure.

Sous l'Autorité paternelle, les mineurs devaient se supporter les uns les autres, et rester unis aveuglément dans les liens de la fraternité. S'il n'y avait eu ni tolérance, ni mutuelles concessions, s'ils avaient vécu en hostilités, divisés les uns contre les autres sans se pardonner, la Société mineure n'aurait pas été possible.

C'est pour cette raison qu'à la naissance de la Société chrétienne, dont les membres devaient rester mineurs moralement jusqu'à la majorité sociale, la fraternité a été commandée comme le premier des devoirs à remplir.

Mais parvenus à la majorité morale, les membres de la société relèvent plus de la Loi qui leur confère un droit nouveau, la Liberté qui implique nécessairement le devoir d'être juste.

Car il n'y a pas de liberté sans justice.

L'âge précédent a dit à l'Humanité mineure : Aimez-vous les uns les autres; c'est l'enseignement qui convenait à l'enfance.

L'âge nouveau dit à l'Humanité majeure : Soyez justes les uns envers les autres.

Amour pour les enfants et l'innocence.

Justice pour les hommes faits et responsables.

Le premier devoir des hommes libres est de laisser les vieilles sociétés à elles-mêmes, et de ne pas s'immiscer à l'œuvre de leur propre destruction.

Les hommes libres sont les ouvriers de la vie et non ceux de la destruction.

Leur tâche est de construire le grand édifice de la République.

Chrétiens, mineurs du monde catholique, on vous a dit : Aimez-vous les uns les autres.

Aujourd'hui, vous êtes les fils majeurs de la Société républicaine, on vous dit : travaillez les uns pour les autres.

Aux sentiments stériles de l'innocence doivent succéder les œuvres fécondes.

L'heure a sonné de rendre effectif l'amour fraternel.

L'Esprit qui préside aux grandes évolutions de la Vie sociale, arrive et vous dit : Travaillez les uns pour les autres, mais travaillez avec discernement; travaillez en hommes libres; et, à votre titre de chrétien, ajoutez le titre nouveau de Francs travailleurs.

Chrétiens, Francs-Travailleurs, l'Esprit de Vie

vous apporte la puberté morale; fécondez-vous en grandes œuvres sociales.

Durant la Société mineure des monarchies, les quatre grands principes sociaux étaient institués autoritairement : l'autorité gouvernait la Famille sociale, dirigeait le Travail, administrait la Propriété, et la magistrature rendait la justice.

Sous le régime de la Société majeure de la République, tous les citoyens concourent également, par la voie des majorités élues, au gouvernement de la Famille, à la direction du Travail, à l'administration de la Propriété et de la Justice.

Les vertus propres à l'âge de minorité ne conviennent plus à l'âge suivant de majorité sociale.

Une obéissance et une soumission passives, une foi et une confiance aveugles, l'insouciance du lendemain, le soin du pain quotidien laissé à la sollicitude du père et de la Providence, sont des vertus d'enfants et de mineurs, qui ne sont plus de saison chez les citoyens chargés du soin de leurs destinées.

Des vertus nouvelles, des devoirs nouveaux sont imposés par l'investiture d'un droit nouveau.

A l'obéissance et à la soumission passives doivent succéder les résolutions viriles, les ordres de soi-même et leur exécution active.

A la foi aveugle doit succéder la foi éclairée par la science et l'expérience.

A l'insouciance de la jeunesse doit succéder la vigilance de l'homme mûr et prévoyant, pour tous les

grands intérêts sociaux, desquels seuls doit découler
l'intérêt particulier.

A la confiance candide doit succéder un examen
approfondi de toute situation, soit permanente, soit
éventuelle; et en maître, le citoyen doit avoir l'œil
ouvert partout.

Les personnes qui réunissent, même au plus haut
point, les vertus mineures, et qui voudraient conti-
nuer de vivre en état de minorité sociale, soit parce
qu'elles ne sentent pas encore en elles les vertus viriles, soit parce qu'elles trouvent plus commode
d'être sous la direction autoritaire, tombent dans
une grande illusion, par suite de leur ignorance des
temps solennels où nous sommes arrivés.

Les Tuteurs de la Société chrétienne n'ont plus de
mission divine. Toute autorité spirituelle et tempo-
relle n'est plus de ce temps. La classe dirigeante du
Christianisme est corrompue par le despotisme dans
ses sommités. Il ne lui reste plus qu'une direction
d'expédients. L'Esprit de vie s'en est retiré.

La constitution autoritaire de la Société chrétienne
est supprimée, pour faire place à la nouvelle constitution, établie sur le droit de majorité sociale.

Il n'y a plus d'institutions véritablement pater-
nelles pour les Mineurs. Il n'y a pas de milieu. Il
faut que les Mineurs s'élèvent par leurs propres efforts aux vertus de la morale majeure, ou qu'ils retombent sous tous les despotismes de la barbarie :
l'arbitraire pour justice, l'égoïsme pour famille, le
fainéantisme pour travail et la fortune privilégiée

accumulée dans quelques mains pour toute propriété.

Ou gravir les degrés de l'Humanité progressante dans la grande évolution sociale, ou retomber dans les temps barbares ; il n'y a pas d'autre choix à faire pour les Mineurs, en ces temps suprêmes de justice universelle.

Les Mineurs vertueux ont à faire sur eux-mêmes de grands efforts pour acquérir les Vertus Majeures. Mais qu'ils se tranquillisent ; la moindre aspiration de leur cœur vers une existence de Justice et de Vérité assurera leur salut ; car c'est leur conscience qui aura prononcé en faveur de l'avenir.

L'émancipation morale est justiciable de la loi morale universelle. L'homme devenu Majeur et citoyen de la République doit en connaître la Loi morale suprême, pour l'observer et la respecter.

Il n'avait pas besoin de la connaître dans son âge de minorité et de servitude. C'est pour cette raison qu'elle ne lui a pas été révélée dans les temps de minorité sociale.

Jusqu'à l'époque actuelle, il ne relevait pas de la Loi morale universelle : on lui *pardonnait,* on lui faisait *grâce,* comme à un enfant.

Le régime protecteur du pardon et de la grâce cesse, à partir du jour où l'homme devient maître de lui-même par l'émancipation morale et intellectuelle.

Dès que l'heure de la Majorité des esprits sonne, ils cessent d'être justiciables de la morale conventionnelle des religions qu'ils délaissent.

Alors les consciences ne relèvent plus que d'elles-mêmes, et de la justice universelle.

Les Chrétiens émancipés n'ont plus de providence qu'eux-mêmes ; ils se gouvernent à leurs risques et périls.

Malheur à ceux qui n'ont pas encore acquis la connaissance, la force morale et la prudence, ni l'expérience de la Liberté ; ils trébuchent ou tombent sans protection, sous la sévérité inflexible de la Loi suprême de vie. Tombés, il faut qu'ils se relèvent par leurs propres efforts.

Il n'y a plus alors ni excuse, ni indulgence, ni pardon ; ils subissent les arrêts de la Justice Morale, et de leur conscience, qui ne peut plus être absoute.

LA SOLIDARITÉ SOCIALE

Loi suprême de l'Humanité.

La loi souveraine de l'état d'émancipation sociale est la *Solidarité*, qui nous oblige tous à tous les devoirs de Famille, de Travail, de Propriété et de Justice dans leurs rapports de Société majeure.

Tout citoyen de la République doit connaître la LOI SOCIALE, dont il est moralement justiciable, et qui est la Loi suprême de l'Humanité.

Voici une première démonstration de la raison

d'être et du caractère absolu de la Loi éternelle de vie :

Si vous avez à résoudre un problème qui demande l'emploi de l'addition, de la soustraction, de la multiplication et de la division, il y a une condition nécessaire et absolue à observer pour obtenir un résultat exact : c'est que toutes les opérations des quatre règles soient elles-mêmes exactes ; si l'une d'elles n'a pas été correcte, la solution du problème sera fausse. On voit de suite à quel point toutes les opérations d'addition et de soustraction, de multiplication et de division sont *solidaires* entre elles.

Cette solidarité élémentaire, saisissante est identique à celle qui doit régner entre les opérations d'un problème social.

L'activité d'un peuple est finalement un problème social en voie de solution, qui a pour règles pratiques les quatre Principes fondamentaux de toute société : la Famille, le Travail, la Propriété et la Justice. Ces quatre Principes de Société, comme les quatre règles d'arithmétique entre elles, sont absolument et nécessairement *solidaires* dans leur fonctionnement. La Famille sociale mal pratiquée, le Travail entravé, la Propriété mal gouvernée, la Justice mal rendue aboutiront fatalement à un problème social faux. Et le but de l'existence du peuple sera manquée au point de vue de l'Humanité éternelle.

La SOLIDARITÉ SOCIALE est donc la Loi souveraine, qui relie les grands principes sociaux et qui féconde toute société.

La Loi de Solidarité Sociale peut recevoir une formule toute géométrique par la figure suivante :

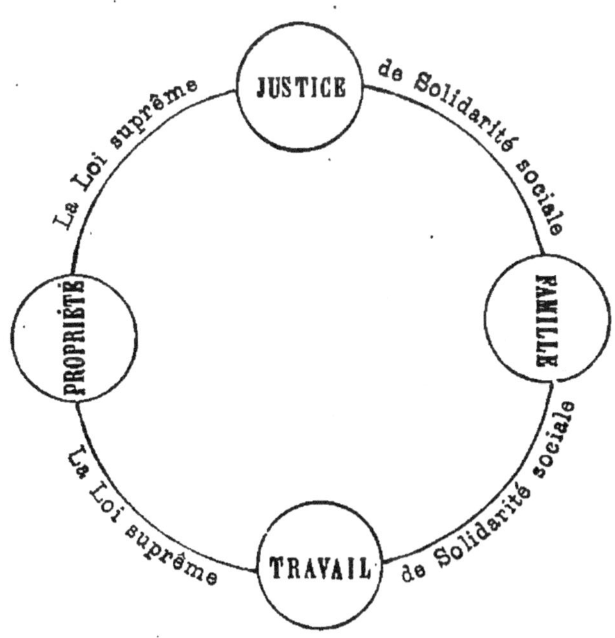

Otez la ligne absolue, sans commencement ni fin, qui rattache les quatre principes de société, il n'y aura plus de lien entre les principes qui resteront sans vertu. La société, livrée à l'insolidarité et à toutes les divisions, ne sera plus dans la vie, mais dans la maladie ou l'incohérence.

La Solidarité est donc la Loi nécessaire de la Vie sociale.

Conséquemment, de la solidarité, Loi absolue, souveraine et suprême de la Vie sociale, découlent tous les devoirs et les droits sociaux.

Tous les citoyens d'un peuple doivent exécuter les œuvres de Famille, de Travail, de Propriété et de Justice, ordonnés par la Loi de Solidarité Sociale.

Les exécuteurs des œuvres du problème social remplissent chacun le rôle d'un chiffre vivant. Si une opération sociale est mal faite par la faute d'un opérateur, celui-ci aura joué le rôle d'un chiffre faux qui devra être redressé ou supprimé moralement. De là, nécessité d'une sanction à la solidarité sociale.

On voit de toutes parts l'ancien état social dépérir sans ressource, quelle qu'en soit la forme politique ; parce que la Loi morale de Solidarité est impunément violée par l'égoïsme triomphant du monde.

La Solidarité sociale est dite LA LOI SUPRÊME, parce que effectivement elle est l'essence même de la Société, et que nulle puissance divine ou humaine n'a le pouvoir de s'y soustraire sans violer la Loi de société morale éternelle, et sans en devenir justiciable.

De la Loi souveraine de Solidarité sociale, qui lie moralement entre eux tous les membres d'une même Société, découlent mathématiquement tous les devoirs et tous les droits de chacun.

Les devoirs résident dans le culte rigoureux des principes de famille, de travail, de propriété et de justice, dans toutes les opérations du problème social.

Si l'une des opérations venait à manquer dans son exactitude, le problème serait faux, et toute l'activité sociale manquerait le but.

La Solidarité, qui règne inévitablement entre toutes

les opérations d'un même problème, ne peut tolérer
la moindre inexactitude irréparable, sans cesser
d'être la Loi Souveraine.

C'est pourquoi la Loi de Solidarité Sociale est absolue, et rend absolument solidaires entre eux tous les
Membres de la Société Morale, qui sont les opéra-
teurs du problème vivant de leur société.

L'opérateur qui agit à faux, joue le rôle d'un
chiffre faux ; la solidarité ordonne le redressement
ou la suppression de l'un aussi bien que de l'autre,
pour avoir un résultat exact.

Nul sociétaire ou citoyen ne peut donc échapper à
la Loi absolue de Solidarité sociale.

Le respect de la Loi morale est étendu à toutes les
fonctions sociales.

La force de la République est dans la réciprocité
morale et rationnelle des intérêts : *être utile aux
autres, pour se les rendre utiles à soi-même.*

La solidarité sociale est la Loi Absolue des principes sociaux, dont le fonctionnement représente
exactement la réciprocité universelle des intérêts,
dans l'accomplissement de tous les devoirs et le respect de tous les droits.

La Loi suprême de Solidarité sociale garantie par elle-même dans son intégralité.

La transgression de la Loi de Solidarité sociale,
qui doit être intègre dans les rapports sociaux de
famille, de travail et de propriété, résulte nécessaire-

ment d'une disposition égoïstique dont les effets jettent le transgresseur dans la *division,* dans l'esclavage du despotisme et dans tous les maux qui en sont la suite. Cette chute morale, qui livre le coupable à lui-même dans tous les égarements de sa conscience éteinte au sentiment de solidarité, est une opération vengeresse et réparatrice de la Loi suprême inviolable.

La conscience est la faculté de l'âme qui est de Nature Divine et éternelle.

La conscience est l'organe absolu et infaillible de la Justice Divine.

La conscience s'obscurcit chez les personnes en qui l'âme s'éteint au sentiment moral, de même que l'éclat et les propriétés métalliques s'effacent par la rouille ou des alliages qui dégradent le métal sans détruire son existence éternelle.

Une conscience morte est la plus terrible des conditions ; elle n'échappe point à sa propre juridiction.

Par la perte du sens moral, elle se condamne, dans son aveuglement, à tous les maux dont les rigueurs lui sont nécessaires, pour sortir un jour de sa léthargie, à force de douleurs et de souffrances inhérentes aux existences inférieures où elle tombe.

C'est pourquoi les jugements même d'une conscience morte sont d'une infaillible justice. A tous les degrés de réveil, la conscience est notre juge suprême.

Le violateur de la Loi qui ne s'est pas amendé et qui épuise tous les effets de son égoïsme antisocial dans l'avarice, dans la vaine gloire des conquérants, dans le despotisme financier et dans toutes les dominations, décrit fatalement un cercle qui le plonge au plus profond de l'abîme dans des existences misérables successives, d'où enfin, après la consommation de son égoïsme par le feu des douleurs, il remonte d'étapes en étapes, au prix de ses propres efforts et de toutes les épreuves possibles, à la vie solidaire de la Loi, qui devient la récompense de ses derniers efforts après avoir été sa punition dans les régions mortelles où la solidarité sociale est inconnue.

La Loi qui régit les sociétés, et qui harmonise tous les intérêts et tous les rapports de l'existence sociale, n'est qu'indiquée très-sommairement dans ce chapitre.

La Solidarité, Loi suprême de la vie, Loi divine et humaine de l'Evangile, loi de fraternité et d'amour, qui nous fait trouver le bonheur dans celui que nous procurons à nos semblables par la réciprocité des bons services, est exposée dans tout un travail qui sera publié en son temps.

De la Solidarité sociale découle la Morale sociale majeure.

Dogme de Morale Sociale Majeure.

La Morale Sociale Majeure a pour Dogme l'inviolabilité absolue de la Loi suprême de Solidarité sociale.

La Solidarité sociale est nécessaire au parfait fonctionnement de la République dans les mutuelles opérations de Famille, de Travail, de Propriété et de Justice, parvenues à leur mode d'applications majeures.

De ce Dogme de morale sociale découlent tous les devoirs de société.

Des hautes vérités qui viennent d'être remises en lumière dans les paragraphes précédents, découlent la délimitation mathématique du vice et de la vertu.

Doivent être regardés comme vices, tous les actes contraires au respect rigoureux de la Solidarité sociale.

Doivent être considérés comme vertus, tous les actes accomplissant la Loi de solidarité de la Société majeure de la république.

La Société Morale Majeure est un culte incessant, rendu à la Loi souveraine et aux éternels Principes de vie véridique.

Ce culte, obligatoire pour tous les citoyens, consiste dans la pratique soutenue des vertus sociales, nécessaires au fonctionnement normal des grands Principes, pour l'accomplissement de la Loi suprême de Solidarité sociale.

Code de morale sociale majeure.

Le Code de morale sociale résulte tout entier de la Loi suprême de Solidarité, qui oblige moralement les uns envers les autres tous les membres de la Société.

La loi de Solidarité est nécessaire à toutes les œuvres de famille, de travail, de propriété et de justice, pour obtenir l'unité sociale ; comme est nécessaire la solidarité entre les opérations d'addition, de soustraction, de multiplication et de division pour arriver à la solution exacte d'un problème.

La solution cherchée du problème social par les œuvres de chacun, est l'unité d'intérêt de tous.

Tous les membres de la Société sont moralement solidaires entre eux.

Les devoirs et les droits de la Solidarité sociale constituent donc bien avec raison notre Code moral.

Les droits ne résultant que des devoirs accomplis, il sera d'abord question des devoirs à remplir.

Nos devoirs sociaux consistent à appliquer rigoureusement les grands principes de famille, de travail, de propriété et de justice élevés à leur degré d'évolution majeure, dans le parfait accomplissement de la loi de Solidarité morale.

De cette base de morale nettement déterminée et mathématique, résulte, comme nous l'avons déjà dit, la démarcation absolue du vice et de la vertu.

Sont réputées vertus sociales, nécessaires au fonctionnement harmonique de la République, toutes les forces et activités physiques, intellectuelles et morales de la personne humaine, concourant essentiellement au bonheur et à la prospérité de la famille sociale, à l'exercice plein et entier du travail de tous, au développement et à la jouissance légitime de la propriété collective, enfin à la plus parfaite équité envers tous les citoyens.

En conséquence, tous les citoyens doivent pratiquer les vertus sociales, implicitement déterminées au paragraphe précédent, pour jouir légitimement des droits et prérogatives de la République.

Aux termes du Code moral, sont réputées vices sociaux : toutes tentatives ou actions ayant pour résultat d'arrêter le développement des facultés humaines, physiques, intellectuelles et morales, nécessaires à l'accomplissement des devoirs sociaux, ou d'empêcher le libre exercice des vertus sociales.

Tout vice social est justiciable et passible de la juridiction morale.

La Juridiction morale, dont chaque citoyen est investi, est destinée à redresser les écarts personnels, à moraliser les individus et à relever les caractères par ses jurys d'honneur, sous l'Autorité morale supérieure, les mandataires de la Loi souveraine de solidarité sociale.

Sanction de la Morale Sociale Majeure.

Les infractions à la Loi de solidarité sociale, que les lois publiques n'atteignent pas, deviennent justiciables de la juridiction morale des citoyens entre eux.

En vertu de la solidarité, toute infraction à ses devoirs sociaux est une violation des droits d'autrui, et constitue une faute sociale.

La pratique des devoirs solidaires a donc besoin d'être rigoureusement disciplinée et maintenue par une sanction, afin de prévenir ou de réprimer leur infraction.

D'après le Code moral, toutes tentatives d'actions ou actes ayant pour résultat d'arrêter le développement de nos facultés physiques, intellectuelles et morales nécessaires à l'accomplissement des devoirs sociaux, ou d'empêcher le libre exercice des vertus sociales; toute abstention volontaire et réfléchie; toute force d'inertie contraires aux devoirs commandés par la loi de solidarité, sont passibles de la juridiction morale.

En tête de tous les vices répréhensibles est l'Égoïsme inhumain, négation vivante de la Loi même de Solidarité.

Après l'égoïsme antisocial viennent :

L'Individualisme orgueilleux, négation vivante de la Famille sociale ;

La Paresse, négation du Travail ;

L'Avarice, négation des prérogatives naturelles de la Propriété ;

L'Arbitraire, négation de toute Justice.

L'Egoïsme, vice universel de l'insolidarité ; l'Individualisme, la Paresse, l'Avarice et l'Arbitraire, vices cardinaux et leurs hideux cortéges, sont cause de tous les maux qui accablent le monde : L'envie, la haine, la vengeance, la médisance, la calomnie, l'ivrognerie, la malpropreté, le désordre, l'intempérance, les jugements téméraires, la dégradation, l'ignorance, l'orgueil, la vanité, la perte du sens moral, etc., sont de l'affreux cortége.

Aucun de ces vices, qui violent tous moralement

la Loi et les Principes, ne doivent être tolérés dans la Société morale majeure de la république.

Le fonctionnement de la famille sociale, du travail mutuel, des intérêts et des droits collectifs de chacun exige des fonctionnaires rigoureusement exacts, qui ne troublent pas l'unité sociale, au même titre que les opérations arithmétiques veulent des chiffres vrais pour aboutir à la solution exacte d'un problème.

Les agents sociaux qui viendraient jouer le rôle de chiffres faux dans le problème social en action, doivent être rectifiés ou rejetés avec des soins rigoureux.

Cet épurement physiologique de la Société est l'œuvre efficace de la juridiction morale des jurys d'honneur.

La fonction délicate des jurys d'honneur n'opère pas avec la brutalité des chiffres, mais avec la lenteur douce et correcte de la vitalité.

Une faute accidentelle et irréfléchie ne sera point justiciable des jurys d'honneur, mais seulement toutes celles qui opposeront un obstacle soutenu et réfléchi au respect de la Loi et des Principes de la Société.

La juridiction morale procède graduellement par instruction, par conseil, par avertissement, par admonestation, par réprimande, par amende, par correction morale.

Elle ne frappe de flétrissure, de dégradation et de déchéance qu'après avoir épuisé tous les moyens de moralisation et de réhabilitation.

Aucune solidarité ne pouvant équitablement exister entre les fidèles observateurs de la Loi et ceux qui la violent, l'épurement moral en permanence est nécessaire.

Moralisation sociale par la Loi de Solidarité et par les Jurys d'Honneur.

La Solidarité sociale, qui est le lien nécessaire des quatre grands principes de société morale éternelle, est essentiellement moralisatrice, par la pratique soutenue des devoirs sociaux ou vertus sociales qu'elle impose et qui sont indispensables à chacun, pour agir ensemble comme une seule personne, dans le but commun des intérêts réciproques.

Telle est la puissance régénératrice des éternels principes, qu'en progressant dans la voie de leurs applications, ils deviennent les grands moralisateurs, seuls capables de tirer les hommes d'avenir de l'égoïsme constitutionnel du monde, au nom de la Loi suprême de Solidarité qui lie tous les membres d'une société morale majeure, et qui les oblige à une mutuelle élévation de caractère et de vertus publiques.

Les Jurys d'honneur institués par la solidarité sociale accentueront progressivement la *Révolution Morale*, que la République attend comme la condition fondamentale de son existence.

Cette juridiction exerce un grand empire de moralisation sur les individus qui redoutent infiniment plus une sentence de leurs pairs, que le jugement de magistrats avec lesquels ils n'ont pas de rapports d'égalité et qu'ils ne fréquentent ou ne connaissent pas.

Les institutions républicaines établies pour le rappel à l'accomplissement de la Loi de Solidarité morale élèveront l'homme d'une condition médiocre ; elles ennobliront son caractère ; elles réveilleront sa conscience au sens moral, et l'obligeront à la pratique des vertus sociales majeures.

Elles feront des hommes nouveaux, qui entendront un langage supérieur, et qui s'émeuveront noblement aux inspirations élevées des grands citoyens.

La juridiction morale des jurys d'honneur exercée pour la pratique des vertus majeures commandées par l'Éducation Républicaine, ne concerne que la famille collective et solidaire de la République.

La famille privée est le sanctuaire impénétrable et souverain de la vie.

Il n'est pas plus permis de pénétrer dans la vie privée de la famille ou de l'individu que dans la conscience humaine.

Chacun est souverain en sa petite famille comme en sa conscience.

La famille privée est une conscience pour l'être collectif social, qui la respecte absolument.

A côté des faiblesses de la famille privée, se consomment en silence les plus grands sacrifices, ou s'exercent les plus hautes vertus, sous la seule juridiction de la conscience respective de chacun.

Cependant, sous l'action moralisatrice supérieure du culte de la Loi de Solidarité sociale, les consciences individuelles et les petites familles privées ne manqueront pas de s'élever à la hauteur des vertus morales majeures. L'individu se moralisera spontanément par la moralité de l'être collectif social.

Aux travailleurs des classes laborieuses dans leur réveil à la conscience morale de la liberté.

La liberté n'arrive que par l'affranchissement de soi-même.

Il est plus difficile de s'affranchir de soi-même, de son ignorance, de ses préjugés, de ses vices que de la tyrannie d'autrui. Celle-ci n'est plus rien quand on s'est rendu maître de soi-même.

Heureux les affranchis d'eux-mêmes ; ils ne sont pas réfractaires à la lumière supérieure des âmes libres, la seule qui moralise l'homme et qui fonde les caractères.

Si les serfs et les esclaves ne conviennent point à la liberté républicaine, les insubordonnés ne lui conviennent pas davantage ; il ne suffit point de secouer l'autorité du maître pour se dire ou se croire libre. Le bon serviteur est plus proche de l'émancipation.

Quand vous ne voulez plus vous soumettre à la direction des autres, il faut avoir en vous les vertus nécessaires à votre propre direction, et avoir assez de caractère pour vous imposer une règle de conduite.

Pour être à la hauteur de l'Émancipation sociale, vous avez besoin de prouver, par votre bonne conduite, que votre répugnance invincible pour la condition passive de servitude tient à une évolution progressive de votre être, et que vous êtes mûrs pour la liberté.

Si vous ne mettez pas en œuvre les vertus nécessaires à la liberté, vous vous condamnez à retomber fatalement plus bas dans l'esclavage, où languit tout homme incapable de se conduire lui-même.

Travailleurs, qui trouvez trop amère la coupe des servitudes du passé, et qui voulez boire à celle de la liberté, apprenez-en les charges et les devoirs virils.

La première condition d'un libre ou franc travailleur, c'est d'émanciper lui-même le Travail par ses propres vertus, par son intelligence et par sa conduite.

Ouvriers, qui voulez franchir la ligne du salariat, si vous ne prenez l'initiative de vos actes, et si vous ne faites votre devoir de toutes les conséquences qui peuvent en résulter, vous n'êtes pas mûrs pour le Travail libre ; vous êtes encore mineurs de l'esprit et de l'âme, vous êtes incapables des lourdes charges de la liberté ; restez les serviteurs du maître.

Toutes les amertumes de cette condition soumise continueront fatalement de vous abreuver, jusqu'au jour de votre réveil au noble et fier sentiment de la liberté morale, et à la force d'en porter le fardeau.

Travailleurs d'élite par le cœur et par l'intelligence, qui voulez sortir de l'esclavage, de la misère et devenir vos maîtres par vos œuvres, pour vous établir dans la dignité humaine au souffle moral de la liberté et du devoir,

Levez-vous dans la lumière et la paix de vos consciences.

Les temps de résurrection à la vie morale sont arrivés pour vous; soulevez la pierre de vos tombeaux et secoüez-en la poussière.

Appuyés sur le droit légal de votre pays et sans chercher plus loin, rentrez en jouissance de vous-même, dans la République.

Un long et douloureux passé s'est, pour vous, accompli dans la consommation des siècles.

Soyez les premiers et dignes représentants des temps nouveaux, qui seront la vie succédant à la mort, le printemps succédant à l'hiver.

Il faut que l'Avenir rajeuni se dégage du passé, comme la flamme se dégage de la cendre éteinte.

La flamme, c'est votre âme divine, éternelle, se réveillant à la conscience morale universelle.

La cendre, c'est la poussière du monde autoritaire.

Gens de cœur et d'intelligence de toute catégorie, prenez des résolutions viriles.

L'heure a sonné pour vous de sortir de la corruption et des ténèbres de la Nécropole des siècles d'ignorance et de servitude.

Au flambeau de la science éternelle de vos âmes, remontez dans la vie de liberté, sous la Loi et les Principes inviolables de la Société majeure de la République.

C'est par le culte soutenu des Principes et de la Loi suprême de solidarité sociale que vos femmes et vos enfants ne connaîtront plus la misère ni la faim,

Citoyens Français, qui avez pour tâche historique de précéder les nations occidentales dans les voies régénératrices de l'humanité, votre pays souffre tant de la division et de la haine des partis, parce que leurs agissements sont une violation flagrante et permanente de la Loi et des Principes de la Société morale éternelle.

Vous avez pour devoir de vous montrer supérieurs aux autres peuples, dans les pratiques des vertus sociales de la Solidarité.

Déposez l'égoïsme outré du monde.

Remplacez le. culte sacrilége des personnalités égoïstes, par le culte de la Loi sociale souveraine.

Et vous tarirez pour vous et entre vous la source des maux qui accablent les hommes du temps.

Le despotisme, atteint de la maladie constitutionnelle et incurable de l'égoïsme, ne peut vous suivre dans le respect de la Loi et des grands Principes sociaux ; laissez le despotisme à lui-même ; mais sachez vous affranchir de ses servitudes moribondes, de ses tristes préjugés, de son aveuglement obstiné, de son ignorance humiliante, de ses vanités, de ses sottes gloires, de ses haines, de ses calomnies, de ses convoitises, de ses impuissances qui sont un travail de décomposition.

Détachez-vous du moribond se désagrégeant lui-même ; reconnaissez-vous, au souffle vivant de votre aspiration pour un monde. de justice et de vérité, basé sur l'amitié des hommes entre eux et sur la réciprocité des bons services.

Faites renaître vous-mêmes, par votre mutuelle initiative, la Société Morale majeure, sur le principe de l'intérêt particulier subordonné à l'intérêt général, et sur le bonheur qui prend sa source dans celui que vous procurez à vos coreligionnaires.

Sous le règne d'une étroite solidarité entre vous, les faiblesses et les défauts qui prennent naissance dans la domination et la servitude, les vices politiques et sociaux s'évanouiront ; parce qu'ils n'auront plus de raison d'être, et qu'ils ne pourront résister au culte de la Solidarité morale.

Par la même raison, les vertus sociales se révèlent et éclosent dans la nouvelle population travailleuse, rendue à ses devoirs et à ses droits de nature et d'humanité.

La dignité du bonheur, basé sur le devoir rempli, transfigure cette population pacifique, et en fait un peuple supérieur inconnu de l'histoire.

A l'Œuvre, et les cœurs debout, Artisans, Ouvriers, Artistes, Travailleurs de toute classe, dignes de l'avenir meilleur que vous avez pour tâche impérieuse de fonder, faites sur vous-mêmes les plus grands efforts, faites preuve du plus grand courage pour échapper au mal incurable et contagieux qui ronge l'ancienne société, et qui la rongera jusqu'à sa consommation finale, comme ont été consumées toutes les civilisations éteintes du globe, pour faire place à celles qui leur ont succédé.

Concourez à l'établissement des Institutions moralisatrices et régénératrices des éternels Principes d'Humanité, dans le mode de leur évolution majeure, tels qu'ils doivent être appliqués dans la République.

Bouchez-vous les oreilles et fermez les yeux aux partis fatalement livrés à l'erreur jusqu'à leur consommation.

Parvenus à la conquête des grands principes moraux de l'Humanité, seuls absolument vrais et indiscutables, formons un Esprit National nouveau et véritablement français, Esprit créateur de la vie et du bien-être pour tous.

Que votre Loi soit réellement la Loi de l'Humanité, la Solidarité apportée en son germe par le Christ.

Que votre première maxime soit la condamnation absolue de tout recours à la violence.

Gardez-vous de la force. La force triomphe de la matière, jamais de l'Esprit. Soyez l'Esprit de la grande Nation régénérée, et confondez ses calomniateurs.

Et par vous, la Nation Française accomplira ses hautes destinées.

Travailleurs, précurseurs de l'avenir, laissons donc le monde à sa caducité. Sortons de son sein comme l'arbre vivant sort de la terre inerte.

Artistes et travailleurs français, toujours les pionniers de l'avenir, révélez-vous aujourd'hui dans votre ampleur. Ouvrez les bras et le cœur à l'immensité de votre tâche. Étonnez vos détracteurs par la virilité de votre vouloir, par la discipline et la morale supérieure de vos actes, par la maturité de vos jugements, par la taille de vos conceptions et par la justesse de vos maximes.

Ouvrez des temps nouveaux, en esprit et en vérité.

Par votre réveil au sentiment moral de la Liberté, vous commencerez à préparer les voies d'une renaissance sociale sur la Loi et les grands Principes de la Famille, du Travail, de la Propriété et de la Justice déployés dans leur phase de majorité sociale et devenus les moyens irrésistibles de moralisation majeure, sous l'inspiration des sentiments universels de la nature et de l'humanité.

Tous ensemble, dans un accord unanime, fondez par vos vertus la véritable République sur la terre, qui se prépare et s'embellit pour la recevoir, dans la merveille des grandes inventions du génie humain.

Laissez aux esprits mineurs les vertus de la Foi, de l'Espérance et de la Charité. Fondez la Société Morale Majeure sur la Science, sur la Réalité et sur la Solidarité.

Aussi éloignés des réactions affolées que des démolisseurs révolutionnaires, étrangers aux discussions stériles de la politique et aux luttes barbares de la guerre, établissez dans la paix universelle, dans le culte des vertus de la liberté et dans le travail la Famille républicaine.

Le Travail, principe éternel de société, au même titre que la Famille, que la Propriété et que la Justice, est le grand libérateur de l'homme.

L'homme, tombé de la vie morale de liberté, n'y

remonte d'étapes en étapes que par la peine et les fruits du travail physique, intellectuel et moral.

Travaillez, travaillez toujours. Là est votre salut, la genèse d'un monde nouveau et supérieur, par les œuvres de l'esprit nouveau de la nation française.

Premiers Artisans de l'Œuvre de Vie, ouvriers du Salut, prouvons aux ennemis intérieurs et extérieurs de notre patrie qu'elle ne faillit point à ses divines et immortelles destinées, et que, trahie et livrée, elle marche encore à la tête des nations, dans les voies nouvelles de l'humanité ouvertes par le Travail et l'Industrie.

Travailleurs éclairés de toute condition, qui voyez percer l'avenir de l'Humanité Triomphante à travers la tempête, mettez-vous à l'œuvre sans retard. Si vous perdez une heure, une heure irréparable, ce beau ciel d'espérance se ferme pour vous, et le gouffre d'une civilisation morte, entièrement morte à la conscience du droit, de la justice et de la morale de l'humanité, s'entrouvre pour vous engloutir dans les eaux impures de la décomposition sociale.

La planche de salut vous est tendue.

Si vous ne la saisissez vite, vous coulez à fond dans le puits de l'abîme de tous les genres de despotisme.

Vous êtes avertis. Gens de cœur, entendez! Les temps sont extrêmes : ou retour aux barbaries de l'esclavage, ou l'Emancipation par les vertus de la Liberté.

PROJET DE FONDATION

D'UNE

ÉCOLE MODÈLE DE LA RÉPUBLIQUE

L'Auteur des Principes d'Education résumés dans ce petit volume propose à ses Lecteurs coreligionnaires de collaborer avec eux à la fondation d'une Ecole Modèle de la République, sur le versant sud-est d'un petit Mont tout voisin de Paris, dans un site admiré de tous les visiteurs, à l'air pur, vif et salubre.

L'Ecole Modèle joindra à l'Enseignement des vertus sociales majeures, l'Instruction à tous les degrés.

L'étude des langues vivantes, des sciences et arts d'application, de l'agriculture, de l'industrie et du commerce, constituera le fonds de son programme.

Elle formera des praticiens du travail, des ingénieurs, des ouvriers dans l'acceptation élevée du mot, des géomètres, des géographes, des comptables, des dessinateurs, des architectes, des mécaniciens, des chimistes, des physiciens, des naturalistes, des logiciens, des physiologistes et des hygiénistes.

Indépendamment de l'âge indéterminé de ses aspirants aux vertus et aux lumières républicaines, l'Ecole Modèle de la République recevra des élèves dès le premier âge, dans le but de leur constituer une santé puissante par les ressources inépuisables de la Nature conservatrice et réparatrice, rendue à ses prérogatives.

Il ne faut pas moins à l'avenir de la République la régénération physique de l'homme que sa régénération intellectuelle et morale. Les races humaines dégénérées se relèveront par les saines applications de l'hygiène ou médecine naturelle à la jeunesse, à l'enfance dès le berceau et même dès le sein maternel.

Il faut faire les hommes de l'avenir aussi exempts de maladies physiques que de maladies morales et intellectuelles; il les faut sains de corps, d'esprit et de cœur.

L'Enseignement laïque cultive et développe l'esprit, mais il laisse les soins de la santé au second plan, de même qu'il néglige de former le cœur de la jeunesse et de faire des caractères trempés aux vertus majeures de la Solidarité sociale.

L'Enseignement clérical compromet souvent la santé par des jeûnes intempestifs, de même qu'elle asservit la pensée et la conscience à une morale arbitraire, à des maximes de domination et de servitude, qui n'ont plus d'excuse sous le régime d'émancipation de l'esprit humain.

L'École Modèle projetée viendra combler cette lacune profonde des deux enseignements antagonistes, faire des hommes robustes, majeurs par l'esprit et le cœur ; des hommes nouveaux aux vertus républicaines, qui seront la sauvegarde de l'avenir et la gloire de la République.

Paris. — Imp. Duval, rue d'Arcet, 26.

TABLE DES CHAPITRES

www.ingramcontent.com/pod-product-compliance
Lightning Source LLC
LaVergne TN
LVHW050106060726
842524LV00003B/949